This book belongs to:

_____

For Indi

BARE BEAR

Blake Peisley

BEAR hands

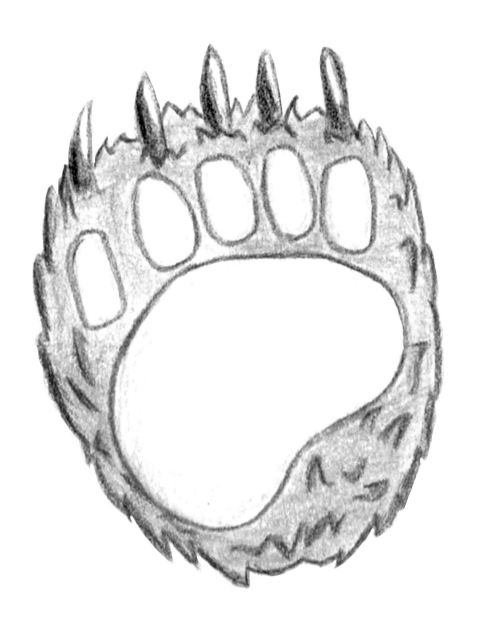 

BARE hands

BEAR feet

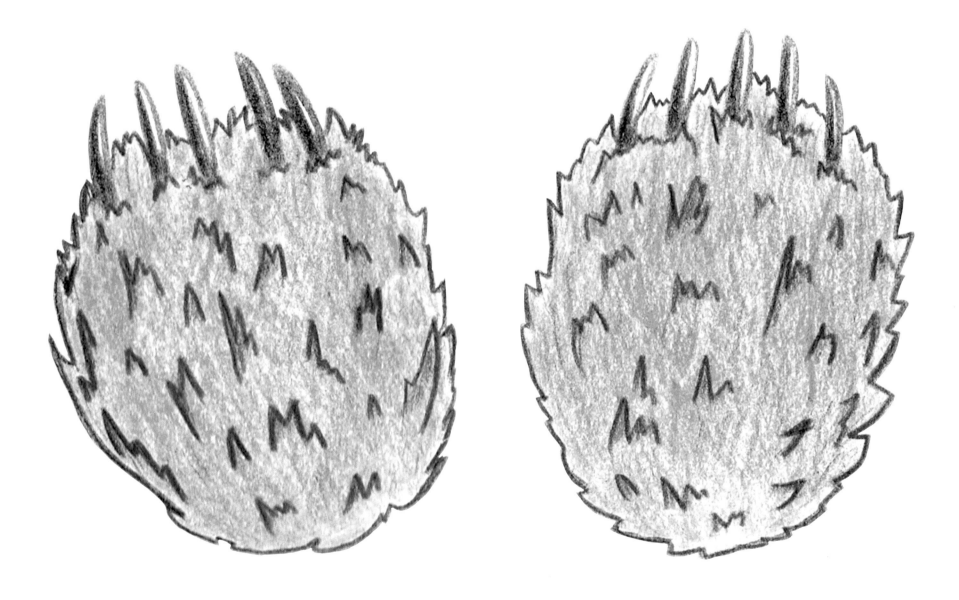

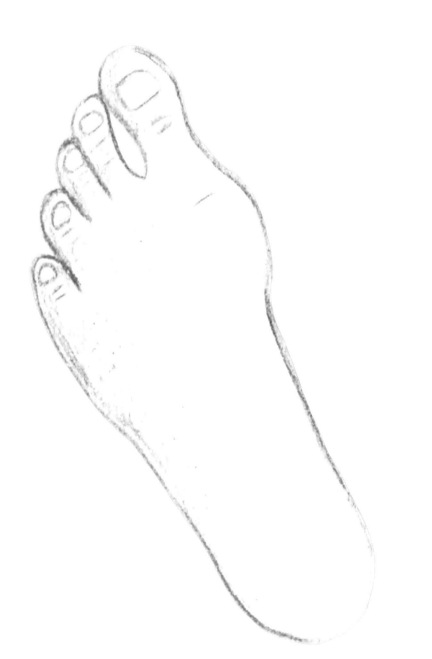

BARE feet

BARE
Knees

BEAR
belly

BARE
belly

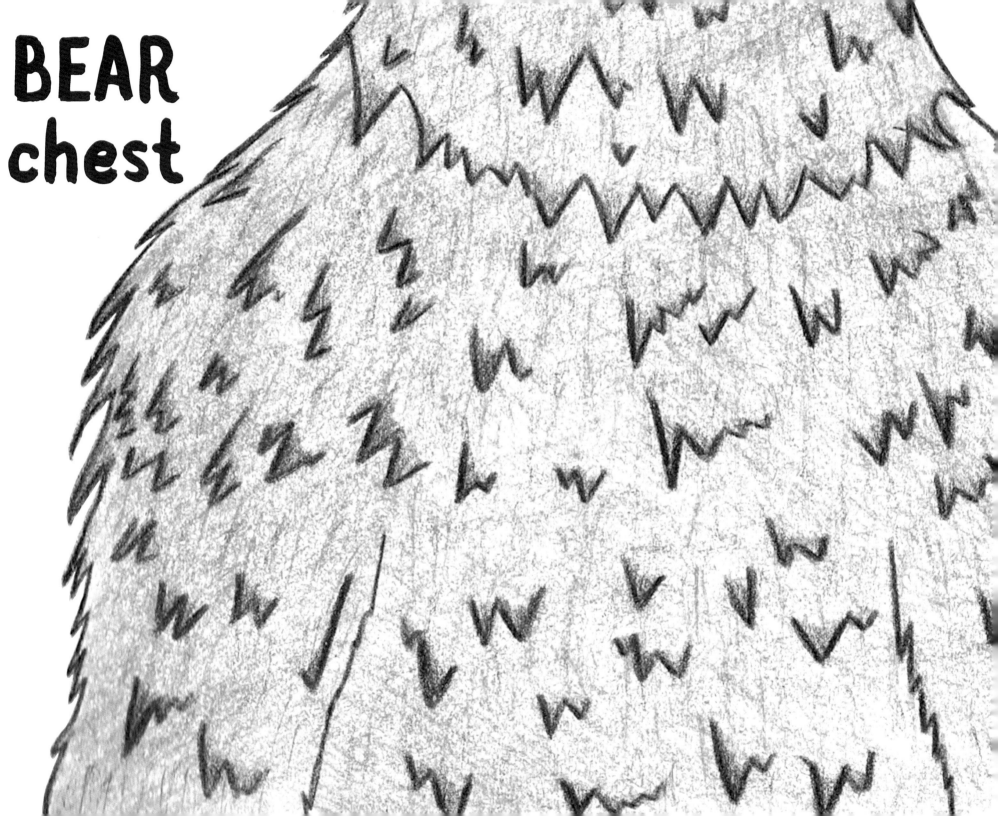

BEAR
chest

BARE
chest

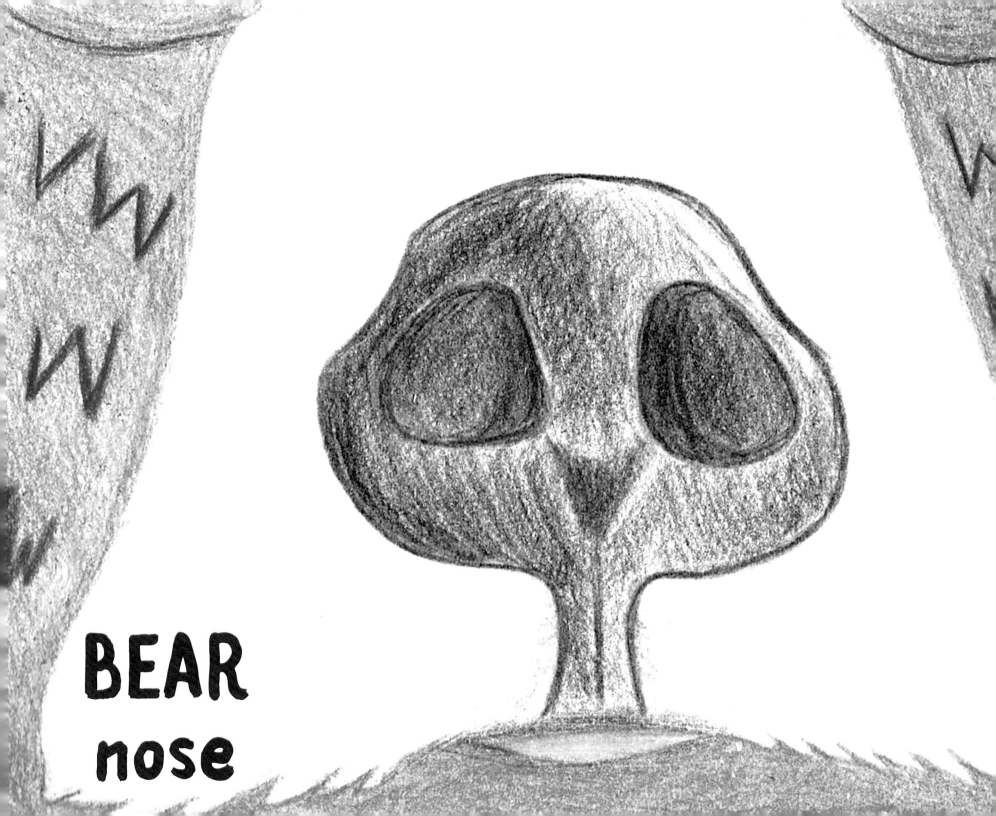

BEAR
nose

BARE
nose

BEAR
bottom

BARE
bottom